Mamie Poule raconte

Christine Beigel
Hervé Le Goff

Le Lama qui venait de tout là-bas

GAUTIER • LANGUEREAU

« Alors, les pioupious, c'était comment l'école, aujourd'hui ?
– Horrible, Mamie ! Si tu savais... Il y a un nouveau.
– Il est bizarre, il est... pas comme nous ! Il parle pas.
– Et quand il parle, Mamie, on ne le comprend pas !
– Il faudrait savoir, les poussins : il parle ou il ne parle pas ?
– On s'en fiche, nous, on l'aime pas, na !
– Houlà ! Dites-moi, mes petits poux, vous ne seriez pas en train de me faire le coup du lama ? C'est grave, ça... »

SPLATCH ! Quoi ? Vous ne l'aviez pas vu ?
Le croco non plus. Il a eu une de ces peurs !
Prout alors ! Ben oui. Normal, quand un animal
qu'on ne connaît pas nous tombe dessus,
sans prévenir, c'est dur de se retenir...

« C'est quoi, ça ? Aaaaah ! crie le croco, paniqué.
– Aaaaah ! répète le nouveau venu, lui aussi effrayé.
– AAAAAH ! » hurlent les autres en entendant sa voix.
Il faut l'imaginer, cette voix. Elle vient de...
De tout là-bas, là-bas.

Le cacatoès est le premier à reprendre ses esprits. Et, est-ce parce qu'il ne peut pas s'en empêcher (la coiffure, c'est son métier) ou par curiosité, toujours est-il que, l'air un peu dégoûté, il écarte les poils qui cachent les yeux de la bête et...

POUAH ! La bête lui crache dessus.
« Oooooh ! » font les autres, dégoûtés.

Le cacatoès est vraiment vexé.
Il part tout raconter à ses amis.
Et à ses pas amis aussi.
Tout le monde a le droit de savoir
qu'il y a un animal qui crache.
C'est dangereux. Très, très.
Non, pire : très, très, très !

Et bien évidemment, tout le monde
a envie de voir cet animal qui crache
très-**très**-**très** dangereusement.

Les commentaires vont bon train.
L'affreux nouveau a failli écrabouiller le croco.
Il a presque noyé le cacatoès avec son crachacal.
Et il sent cramauvais avec ses longs poils mouillés.

« Espèce de serpipillière ! dit le koala, immédiatement coupé par l'éléphant, qui prend la défense du cracheur.
– Taisez-vous ! Il a craché parce qu'on l'a touché.
Et il doit bien avoir un nom. Comment tu t'appelles ?
– **Tapel ?** répond l'étrange animal.
– Moi, je le trouve mignon, ce tapel, déclare l'éléphant.
– Tapel, tapel, tapel... répète le tapel en souriant.
– En plus, il se moque de nous, le vilain pas beau ! s'exclame le petit canard, scandalisé.
– Pabo, pabo, pabo... »

«J'ai compris ! crie soudain le petit canard.
Le tapel a mangé le perroquet. Sûr et certain.
Quelqu'un a vu le perroquet dernièrement ?
– Nooooon ! » répondent les autres, ensemble.
Puis ils se tournent tous vers le boa, qui jure :
« Ah non ! c'est pas moi qui ai mangé le roquet !
Mais je peux avaler le tapel, si vous voulez...
Vous voulez ? Allez, dites oui, soyez sympas... »

Le tapel ne sent pas le danger.
Lui, il sourit, l'air ravi d'être là.
Les animaux approchent, approchent…
L'éléphant tente de les repousser,
mais ils sont beaucoup trop nombreux !
Et que fait le tapel, à votre avis ?
Il sort de sous son manteau de poils
tout un tas de bouts de bois assemblés.
Il écarte ses mèches, ouvre la bouche…

« Attention ! C'est un piège ! crie le canard.
– N'importe quoi ! s'exclame l'éléphant.
Laisse le tapel tranquille, zut et **flûte !**
– Flûte, flûte, flûte… » répète le tapel
avant de souffler dans les bouts de bois.
Et une drôle de musique monte dans les airs, monte…

Vous l'entendez, mes poussins ?
Elle envoûte, elle ensorcelle, cette musique…
Elle hypnotise le boa. Et pas que lui, regardez !

« Le tapel les a tous endormis, Mamie ?
Après, facile : il les a dévorés ! C'est ça ?
– Tout faux ! Sa musique a fait venir un animal.
– Lequel, Mamie ?
– Le chameau. C'est un lointain cousin du tapel,
euh ! je veux dire du lama. Car c'était bien un lama.
– Mais Mamie, alors les lamas mangent des perroquets ?
– Bien sûr que non ! Le lama ne faisait que répéter
les mots qu'il entendait, sans les comprendre,
pour essayer de discuter avec les autres animaux.
Et maintenant, mes poussinous, le lama va à l'école.
Il apprend à parler, à lire, à compter... Comme vous !
– Tout pareil, Mamie ?
– Tout pareil, tout nouveau, tout beau, mes chalameaux ! »

Pour connaître d'autres animaux, Mamie Poule raconte aussi...

© 2020, Gautier-Languereau / Hachette Livre - 58, rue Jean Bleuzen, 92178 Vanves CEDEX
ISBN : 978-2-01-708710-6 - Dépôt légal : juillet 2020 - Édition 03 - Achevé d'imprimer en France par Pollina en janvier 2022 - 41053.
Loi n° 49-956 du 16 juillet 1949 sur les publications destinées à la jeunesse.